Class of

_____

On This Special Day

_____

_____

_____

_____

_____

_____

Name: _____

Message or Thoughts: _____

_____

_____

Name: _____

Message or Thoughts: _____

_____

_____

Name: _____

Message or Thoughts: _____

_____

_____

Name: _____

Message or Thoughts: _____

_____

_____

Name: _____
Message or Thoughts: _____
_____
_____

Name: _____
Message or Thoughts: _____
_____
_____

Name: _____
Message or Thoughts: _____
_____
_____

Name: _____
Message or Thoughts: _____
_____
_____

Name: _____

Message or Thoughts: _____

_____

_____

Name: _____

Message or Thoughts: _____

_____

_____

Name: _____

Message or Thoughts: _____

_____

_____

Name: _____

Message or Thoughts: _____

_____

_____

Name: _____

Message or Thoughts: _____

_____

_____

Name: _____

Message or Thoughts: _____

_____

_____

Name: _____

Message or Thoughts: _____

_____

_____

Name: _____

Message or Thoughts: _____

_____

_____

Name: _____
Message or Thoughts: _____
_____
_____

Name: _____
Message or Thoughts: _____
_____
_____

Name: _____
Message or Thoughts: _____
_____
_____

Name: _____
Message or Thoughts: _____
_____
_____

Name: _____

Message or Thoughts: _____

_____

_____

Name: _____

Message or Thoughts: _____

_____

_____

Name: _____

Message or Thoughts: _____

_____

_____

Name: _____

Message or Thoughts: _____

_____

_____

Name: _____

Message or Thoughts: _____

_____

_____

Name: _____

Message or Thoughts: _____

_____

_____

Name: _____

Message or Thoughts: _____

_____

_____

Name: _____

Message or Thoughts: _____

_____

_____

Name: _____

Message or Thoughts: _____

_____

_____

Name: _____

Message or Thoughts: _____

_____

_____

Name: _____

Message or Thoughts: _____

_____

_____

Name: _____

Message or Thoughts: _____

_____

_____

Name: _____

Message or Thoughts: _____

_____

_____

Name: _____

Message or Thoughts: _____

_____

_____

Name: _____

Message or Thoughts: _____

_____

_____

Name: _____

Message or Thoughts: _____

_____

_____

Name: _____

Message or Thoughts: _____

_____

_____

Name: _____

Message or Thoughts: _____

_____

_____

Name: _____

Message or Thoughts: _____

_____

_____

Name: _____

Message or Thoughts: _____

_____

_____

Name: _____

Message or Thoughts: _____

_____

_____

Name: _____

Message or Thoughts: _____

_____

_____

Name: _____

Message or Thoughts: _____

_____

_____

Name: _____

Message or Thoughts: _____

_____

_____

Name: _____

Message or Thoughts: _____

_____

_____

Name: _____

Message or Thoughts: _____

_____

_____

Name: _____

Message or Thoughts: _____

_____

_____

Name: _____

Message or Thoughts: _____

_____

_____

Name: _____
Message or Thoughts: _____
_____
_____

Name: _____
Message or Thoughts: _____
_____
_____

Name: _____
Message or Thoughts: _____
_____
_____

Name: _____
Message or Thoughts: _____
_____
_____

Name: _____

Message or Thoughts: _____

_____

_____

Name: _____

Message or Thoughts: _____

_____

_____

Name: _____

Message or Thoughts: _____

_____

_____

Name: _____

Message or Thoughts: _____

_____

_____

Name: _____

Message or Thoughts: _____

_____

_____

Name: _____

Message or Thoughts: _____

_____

_____

Name: _____

Message or Thoughts: _____

_____

_____

Name: _____

Message or Thoughts: _____

_____

_____

Name: _____

Message or Thoughts: _____

_____

_____

Name: _____

Message or Thoughts: _____

_____

_____

Name: _____

Message or Thoughts: _____

_____

_____

Name: _____

Message or Thoughts: _____

_____

_____

Name: _____

Message or Thoughts: _____

_____

_____

Name: _____

Message or Thoughts: _____

_____

_____

Name: _____

Message or Thoughts: _____

_____

_____

Name: _____

Message or Thoughts: _____

_____

_____

Name: _____

Message or Thoughts: _____

_____

_____

Name: _____

Message or Thoughts: _____

_____

_____

Name: _____

Message or Thoughts: _____

_____

_____

Name: _____

Message or Thoughts: _____

_____

_____

Name: _____

Message or Thoughts: _____

_____

_____

Name: _____

Message or Thoughts: _____

_____

_____

Name: _____

Message or Thoughts: _____

_____

_____

Name: _____

Message or Thoughts: _____

_____

_____

Name: _____

Message or Thoughts: _____

_____

_____

Name: _____

Message or Thoughts: _____

_____

_____

Name: _____

Message or Thoughts: _____

_____

_____

Name: _____

Message or Thoughts: _____

_____

_____

Name: _____

Message or Thoughts: _____

_____

_____

Name: _____

Message or Thoughts: _____

_____

_____

Name: _____

Message or Thoughts: _____

_____

_____

Name: _____

Message or Thoughts: _____

_____

_____

Name: _____

Message or Thoughts: _____

_____

_____

Name: _____

Message or Thoughts: _____

_____

_____

Name: _____

Message or Thoughts: _____

_____

_____

Name: _____

Message or Thoughts: _____

_____

_____

Name: _____

Message or Thoughts: _____

_____

_____

Name: _____

Message or Thoughts: _____

_____

_____

Name: _____

Message or Thoughts: _____

_____

_____

Name: _____

Message or Thoughts: _____

_____

_____

Name: _____

Message or Thoughts: _____

_____

_____

Name: _____

Message or Thoughts: _____

_____

_____

Name: _____

Message or Thoughts: _____

_____

_____

Name: _____

Message or Thoughts: _____

_____

_____

Name: _____

Message or Thoughts: _____

_____

_____

Name: _____

Message or Thoughts: _____

_____

_____

Name: _____

Message or Thoughts: _____

_____

_____

Name: _____

Message or Thoughts: _____

_____

_____

Name: _____
Message or Thoughts: _____
_____
_____

Name: _____
Message or Thoughts: _____
_____
_____

Name: _____
Message or Thoughts: _____
_____
_____

Name: _____
Message or Thoughts: _____
_____
_____

Name: _____

Message or Thoughts: _____

_____

_____

Name: _____

Message or Thoughts: _____

_____

_____

Name: _____

Message or Thoughts: _____

_____

_____

Name: _____

Message or Thoughts: _____

_____

_____

Name: _____

Message or Thoughts: _____

_____

_____

Name: _____

Message or Thoughts: _____

_____

_____

Name: _____

Message or Thoughts: _____

_____

_____

Name: _____

Message or Thoughts: _____

_____

_____

Name: _____

Message or Thoughts: _____

_____

_____

Name: _____

Message or Thoughts: _____

_____

_____

Name: _____

Message or Thoughts: _____

_____

_____

Name: _____

Message or Thoughts: _____

_____

_____

Name: _____

Message or Thoughts: _____

_____

_____

Name: _____

Message or Thoughts: _____

_____

_____

Name: _____

Message or Thoughts: _____

_____

_____

Name: _____

Message or Thoughts: _____

_____

_____

Name: _____

Message or Thoughts: _____

_____

_____

Name: _____

Message or Thoughts: _____

_____

_____

Name: _____

Message or Thoughts: _____

_____

_____

Name: _____

Message or Thoughts: _____

_____

_____

Name: _____

Message or Thoughts: _____

_____

_____

Name: _____

Message or Thoughts: _____

_____

_____

Name: _____

Message or Thoughts: _____

_____

_____

Name: _____

Message or Thoughts: _____

_____

_____

Name: _____

Message or Thoughts: _____

_____

_____

Name: _____

Message or Thoughts: _____

_____

_____

Name: _____

Message or Thoughts: _____

_____

_____

Name: _____

Message or Thoughts: _____

_____

_____

Name: _____
Message or Thoughts: _____
_____
_____

Name: _____
Message or Thoughts: _____
_____
_____

Name: _____
Message or Thoughts: _____
_____
_____

Name: _____
Message or Thoughts: _____
_____
_____

Name: _____

Message or Thoughts: _____

_____

_____

Name: _____

Message or Thoughts: _____

_____

_____

Name: _____

Message or Thoughts: _____

_____

_____

Name: _____

Message or Thoughts: _____

_____

_____

Name: _____

Message or Thoughts: _____

_____

_____

Name: _____

Message or Thoughts: _____

_____

_____

Name: _____

Message or Thoughts: _____

_____

_____

Name: _____

Message or Thoughts: _____

_____

_____

Name: _____
Message or Thoughts: _____
_____
_____

Name: _____
Message or Thoughts: _____
_____
_____

Name: _____
Message or Thoughts: _____
_____
_____

Name: _____
Message or Thoughts: _____
_____
_____

Name: _____
Message or Thoughts: _____
_____
_____

Name: _____
Message or Thoughts: _____
_____
_____

Name: _____
Message or Thoughts: _____
_____
_____

Name: _____
Message or Thoughts: _____
_____
_____

Name: _____

Message or Thoughts: _____

_____

_____

Name: _____

Message or Thoughts: _____

_____

_____

Name: _____

Message or Thoughts: _____

_____

_____

Name: _____

Message or Thoughts: _____

_____

_____

Name: _____
Message or Thoughts: _____
_____
_____

Name: _____
Message or Thoughts: _____
_____
_____

Name: _____
Message or Thoughts: _____
_____
_____

Name: _____
Message or Thoughts: _____
_____
_____

Name: _____

Message or Thoughts: _____

_____

_____

Name: _____

Message or Thoughts: _____

_____

_____

Name: _____

Message or Thoughts: _____

_____

_____

Name: _____

Message or Thoughts: _____

_____

_____

Name: _____
Message or Thoughts: _____
_____
_____

Name: _____
Message or Thoughts: _____
_____
_____

Name: _____
Message or Thoughts: _____
_____
_____

Name: _____
Message or Thoughts: _____
_____
_____

Name: _____

Message or Thoughts: _____

_____

_____

Name: _____

Message or Thoughts: _____

_____

_____

Name: _____

Message or Thoughts: _____

_____

_____

Name: _____

Message or Thoughts: _____

_____

_____

Name: _____

Message or Thoughts: _____

_____

_____

Name: _____

Message or Thoughts: _____

_____

_____

Name: _____

Message or Thoughts: _____

_____

_____

Name: _____

Message or Thoughts: _____

_____

_____

Name: _____
Message or Thoughts: _____
_____
_____

Name: _____
Message or Thoughts: _____
_____
_____

Name: _____
Message or Thoughts: _____
_____
_____

Name: _____
Message or Thoughts: _____
_____
_____

Name: _____

Message or Thoughts: _____

_____

_____

Name: _____

Message or Thoughts: _____

_____

_____

Name: _____

Message or Thoughts: _____

_____

_____

Name: _____

Message or Thoughts: _____

_____

_____

Name: _____

Message or Thoughts: _____

_____

_____

Name: _____

Message or Thoughts: _____

_____

_____

Name: _____

Message or Thoughts: _____

_____

_____

Name: _____

Message or Thoughts: _____

_____

_____

Name: _____
Message or Thoughts: _____
_____
_____

Name: _____
Message or Thoughts: _____
_____
_____

Name: _____
Message or Thoughts: _____
_____
_____

Name: _____
Message or Thoughts: _____
_____
_____

Name: _____

Message or Thoughts: _____

_____

_____

Name: _____

Message or Thoughts: _____

_____

_____

Name: _____

Message or Thoughts: _____

_____

_____

Name: _____

Message or Thoughts: _____

_____

_____

Name: _____

Message or Thoughts: _____

_____

_____

Name: _____

Message or Thoughts: _____

_____

_____

Name: _____

Message or Thoughts: _____

_____

_____

Name: _____

Message or Thoughts: _____

_____

_____

Name: _____

Message or Thoughts: _____

_____

_____

Name: _____

Message or Thoughts: _____

_____

_____

Name: _____

Message or Thoughts: _____

_____

_____

Name: _____

Message or Thoughts: _____

_____

_____

Name: _____
Message or Thoughts: _____
_____
_____

Name: _____
Message or Thoughts: _____
_____
_____

Name: _____
Message or Thoughts: _____
_____
_____

Name: _____
Message or Thoughts: _____
_____
_____

Name: _____
Message or Thoughts: _____
_____
_____

Name: _____
Message or Thoughts: _____
_____
_____

Name: _____
Message or Thoughts: _____
_____
_____

Name: _____
Message or Thoughts: _____
_____
_____

Name: _____

Message or Thoughts: _____

_____

_____

Name: _____

Message or Thoughts: _____

_____

_____

Name: _____

Message or Thoughts: _____

_____

_____

Name: _____

Message or Thoughts: _____

_____

_____

Name: _____

Message or Thoughts: _____

_____

_____

Name: _____

Message or Thoughts: _____

_____

_____

Name: _____

Message or Thoughts: _____

_____

_____

Name: _____

Message or Thoughts: _____

_____

_____

Name: _____
Message or Thoughts: _____
_____
_____

Name: _____
Message or Thoughts: _____
_____
_____

Name: _____
Message or Thoughts: _____
_____
_____

Name: _____
Message or Thoughts: _____
_____
_____

Name: _____
Message or Thoughts: _____
_____
_____

Name: _____
Message or Thoughts: _____
_____
_____

Name: _____
Message or Thoughts: _____
_____
_____

Name: _____
Message or Thoughts: _____
_____
_____

Name: _____
Message or Thoughts: _____
_____
_____

Name: _____
Message or Thoughts: _____
_____
_____

Name: _____
Message or Thoughts: _____
_____
_____

Name: _____
Message or Thoughts: _____
_____
_____

Name: _____

Message or Thoughts: _____

_____

_____

Name: _____

Message or Thoughts: _____

_____

_____

Name: _____

Message or Thoughts: _____

_____

_____

Name: _____

Message or Thoughts: _____

_____

_____

Name: _____

Message or Thoughts: _____

_____

_____

Name: _____

Message or Thoughts: _____

_____

_____

Name: _____

Message or Thoughts: _____

_____

_____

Name: _____

Message or Thoughts: _____

_____

_____

Name: _____
Message or Thoughts: _____
_____
_____

Name: _____
Message or Thoughts: _____
_____
_____

Name: _____
Message or Thoughts: _____
_____
_____

Name: _____
Message or Thoughts: _____
_____
_____

Name: _____
Message or Thoughts: _____
_____
_____

Name: _____
Message or Thoughts: _____
_____
_____

Name: _____
Message or Thoughts: _____
_____
_____

Name: _____
Message or Thoughts: _____
_____
_____

Name: _____

Message or Thoughts: _____

_____

_____

Name: _____

Message or Thoughts: _____

_____

_____

Name: _____

Message or Thoughts: _____

_____

_____

Name: _____

Message or Thoughts: _____

_____

_____

Name: _____

Message or Thoughts: _____

_____

_____

Name: _____

Message or Thoughts: _____

_____

_____

Name: _____

Message or Thoughts: _____

_____

_____

Name: _____

Message or Thoughts: _____

_____

_____

Name: _____

Message or Thoughts: _____

_____

_____

Name: _____

Message or Thoughts: _____

_____

_____

Name: _____

Message or Thoughts: _____

_____

_____

Name: _____

Message or Thoughts: _____

_____

_____

Name: _____

Message or Thoughts: _____

_____

_____

Name: _____

Message or Thoughts: _____

_____

_____

Name: _____

Message or Thoughts: _____

_____

_____

Name: _____

Message or Thoughts: _____

_____

_____

Name: _____

Message or Thoughts: _____

_____

_____

Name: _____

Message or Thoughts: _____

_____

_____

Name: _____

Message or Thoughts: _____

_____

_____

Name: _____

Message or Thoughts: _____

_____

_____

Name: _____

Message or Thoughts: _____

_____

_____

Name: _____

Message or Thoughts: _____

_____

_____

Name: _____

Message or Thoughts: _____

_____

_____

Name: _____

Message or Thoughts: _____

_____

_____

Name: _____

Message or Thoughts: _____

_____

_____

Name: _____

Message or Thoughts: _____

_____

_____

Name: _____

Message or Thoughts: _____

_____

_____

Name: _____

Message or Thoughts: _____

_____

_____

Name: _____
Message or Thoughts: _____
_____
_____

Name: _____
Message or Thoughts: _____
_____
_____

Name: _____
Message or Thoughts: _____
_____
_____

Name: _____
Message or Thoughts: _____
_____
_____

Name: _____

Message or Thoughts: _____

_____

_____

Name: _____

Message or Thoughts: _____

_____

_____

Name: _____

Message or Thoughts: _____

_____

_____

Name: _____

Message or Thoughts: _____

_____

_____

Name: _____

Message or Thoughts: _____

_____

_____

Name: _____

Message or Thoughts: _____

_____

_____

Name: _____

Message or Thoughts: _____

_____

_____

Name: _____

Message or Thoughts: _____

_____

_____

Name: _____

Message or Thoughts: _____

_____

_____

Name: _____

Message or Thoughts: _____

_____

_____

Name: _____

Message or Thoughts: _____

_____

_____

Name: _____

Message or Thoughts: _____

_____

_____

Name: _____
Message or Thoughts: _____
_____
_____

Name: _____
Message or Thoughts: _____
_____
_____

Name: _____
Message or Thoughts: _____
_____
_____

Name: _____
Message or Thoughts: _____
_____
_____

Name: _____

Message or Thoughts: _____

_____

_____

Name: _____

Message or Thoughts: _____

_____

_____

Name: _____

Message or Thoughts: _____

_____

_____

Name: _____

Message or Thoughts: _____

_____

_____

Name: _____

Message or Thoughts: _____

_____

_____

Name: _____

Message or Thoughts: _____

_____

_____

Name: _____

Message or Thoughts: _____

_____

_____

Name: _____

Message or Thoughts: _____

_____

_____

Name: _____

Message or Thoughts: _____

_____

_____

Name: _____

Message or Thoughts: _____

_____

_____

Name: _____

Message or Thoughts: _____

_____

_____

Name: _____

Message or Thoughts: _____

_____

_____

Name: _____
Message or Thoughts: _____
_____
_____

Name: _____
Message or Thoughts: _____
_____
_____

Name: _____
Message or Thoughts: _____
_____
_____

Name: _____
Message or Thoughts: _____
_____
_____

Name: _____

Message or Thoughts: _____

_____

_____

Name: _____

Message or Thoughts: _____

_____

_____

Name: _____

Message or Thoughts: _____

_____

_____

Name: _____

Message or Thoughts: _____

_____

_____

Name: _____
Message or Thoughts: _____
_____
_____

Name: _____
Message or Thoughts: _____
_____
_____

Name: _____
Message or Thoughts: _____
_____
_____

Name: _____
Message or Thoughts: _____
_____
_____

Name: _____

Message or Thoughts: _____

_____

_____

Name: _____

Message or Thoughts: _____

_____

_____

Name: _____

Message or Thoughts: _____

_____

_____

Name: _____

Message or Thoughts: _____

_____

_____

Name: _____
Message or Thoughts: _____
_____
_____

Name: _____
Message or Thoughts: _____
_____
_____

Name: _____
Message or Thoughts: _____
_____
_____

Name: _____
Message or Thoughts: _____
_____
_____

Name: _____

Message or Thoughts: _____

_____

_____

Name: _____

Message or Thoughts: _____

_____

_____

Name: _____

Message or Thoughts: _____

_____

_____

Name: _____

Message or Thoughts: _____

_____

_____

Name: _____
Message or Thoughts: _____
_____
_____

Name: _____
Message or Thoughts: _____
_____
_____

Name: _____
Message or Thoughts: _____
_____
_____

Name: _____
Message or Thoughts: _____
_____
_____

Name: _____

Message or Thoughts: _____

_____

_____

Name: _____

Message or Thoughts: _____

_____

_____

Name: _____

Message or Thoughts: _____

_____

_____

Name: _____

Message or Thoughts: _____

_____

_____

Name: _____

Message or Thoughts: _____

_____

_____

Name: _____

Message or Thoughts: _____

_____

_____

Name: _____

Message or Thoughts: _____

_____

_____

Name: _____

Message or Thoughts: _____

_____

_____

Name: _____

Message or Thoughts: _____

_____

_____

Name: _____

Message or Thoughts: _____

_____

_____

Name: _____

Message or Thoughts: _____

_____

_____

Name: _____

Message or Thoughts: _____

_____

_____

Name: _____

Message or Thoughts: _____

_____

_____

Name: _____

Message or Thoughts: _____

_____

_____

Name: _____

Message or Thoughts: _____

_____

_____

Name: _____

Message or Thoughts: _____

_____

_____

Name: _____

Message or Thoughts: _____

_____

_____

Name: _____

Message or Thoughts: _____

_____

_____

Name: _____

Message or Thoughts: _____

_____

_____

Name: _____

Message or Thoughts: _____

_____

_____

Name: _____
Message or Thoughts: _____
_____
_____

Name: _____
Message or Thoughts: _____
_____
_____

Name: _____
Message or Thoughts: _____
_____
_____

Name: _____
Message or Thoughts: _____
_____
_____

Name: _____

Message or Thoughts: _____

_____

_____

Name: _____

Message or Thoughts: _____

_____

_____

Name: _____

Message or Thoughts: _____

_____

_____

Name: _____

Message or Thoughts: _____

_____

_____

Name: _____

Message or Thoughts: _____

_____

_____

Name: _____

Message or Thoughts: _____

_____

_____

Name: _____

Message or Thoughts: _____

_____

_____

Name: _____

Message or Thoughts: _____

_____

_____

Name: _____

Message or Thoughts: _____

_____

_____

Name: _____

Message or Thoughts: _____

_____

_____

Name: _____

Message or Thoughts: _____

_____

_____

Name: _____

Message or Thoughts: _____

_____

_____

Name: _____
Message or Thoughts: _____
_____
_____

Name: _____
Message or Thoughts: _____
_____
_____

Name: _____
Message or Thoughts: _____
_____
_____

Name: _____
Message or Thoughts: _____
_____
_____

Name: _____

Message or Thoughts: _____

_____

_____

Name: _____

Message or Thoughts: _____

_____

_____

Name: _____

Message or Thoughts: _____

_____

_____

Name: _____

Message or Thoughts: _____

_____

_____

Name: _____
Message or Thoughts: _____
_____
_____

Name: _____
Message or Thoughts: _____
_____
_____

Name: _____
Message or Thoughts: _____
_____
_____

Name: _____
Message or Thoughts: _____
_____
_____

Name: _____

Message or Thoughts: _____

_____

_____

Name: _____

Message or Thoughts: _____

_____

_____

Name: _____

Message or Thoughts: _____

_____

_____

Name: _____

Message or Thoughts: _____

_____

_____

Name: _____
Message or Thoughts: _____
_____
_____

Name: _____
Message or Thoughts: _____
_____
_____

Name: _____
Message or Thoughts: _____
_____
_____

Name: _____
Message or Thoughts: _____
_____
_____

Name: _____

Message or Thoughts: _____

_____

_____

Name: _____

Message or Thoughts: _____

_____

_____

Name: _____

Message or Thoughts: _____

_____

_____

Name: _____

Message or Thoughts: _____

_____

_____

Name: _____
Message or Thoughts: _____
_____
_____

Name: _____
Message or Thoughts: _____
_____
_____

Name: _____
Message or Thoughts: _____
_____
_____

Name: _____
Message or Thoughts: _____
_____
_____

Name: _____

Message or Thoughts: _____

_____

_____

Name: _____

Message or Thoughts: _____

_____

_____

Name: _____

Message or Thoughts: _____

_____

_____

Name: _____

Message or Thoughts: _____

_____

_____

Name: _____

Message or Thoughts: _____

_____

_____

Name: _____

Message or Thoughts: _____

_____

_____

Name: _____

Message or Thoughts: _____

_____

_____

Name: _____

Message or Thoughts: _____

_____

_____

Name: _____

Message or Thoughts: _____

_____

_____

Name: _____

Message or Thoughts: _____

_____

_____

Name: _____

Message or Thoughts: _____

_____

_____

Name: _____

Message or Thoughts: _____

_____

_____

Name: _____

Message or Thoughts: _____

_____

_____

Name: _____

Message or Thoughts: _____

_____

_____

Name: _____

Message or Thoughts: _____

_____

_____

Name: _____

Message or Thoughts: _____

_____

_____

Name: _____

Message or Thoughts: _____

_____

_____

Name: _____

Message or Thoughts: _____

_____

_____

Name: _____

Message or Thoughts: _____

_____

_____

Name: _____

Message or Thoughts: _____

_____

_____

Name: _____

Message or Thoughts: _____

_____

_____

Name: _____

Message or Thoughts: _____

_____

_____

Name: _____

Message or Thoughts: _____

_____

_____

Name: _____

Message or Thoughts: _____

_____

_____

Name: _____

Message or Thoughts: _____

_____

_____

Name: _____

Message or Thoughts: _____

_____

_____

Name: _____

Message or Thoughts: _____

_____

_____

Name: _____

Message or Thoughts: _____

_____

_____

Name: _____
Message or Thoughts: _____
_____
_____

Name: _____
Message or Thoughts: _____
_____
_____

Name: _____
Message or Thoughts: _____
_____
_____

Name: _____
Message or Thoughts: _____
_____
_____

Name: _____

Message or Thoughts: _____

_____

_____

Name: _____

Message or Thoughts: _____

_____

_____

Name: _____

Message or Thoughts: _____

_____

_____

Name: _____

Message or Thoughts: _____

_____

_____

Name: _____

Message or Thoughts: _____

_____

_____

Name: _____

Message or Thoughts: _____

_____

_____

Name: _____

Message or Thoughts: _____

_____

_____

Name: _____

Message or Thoughts: _____

_____

_____

Name: _____

Message or Thoughts: _____

_____

_____

Name: _____

Message or Thoughts: _____

_____

_____

Name: _____

Message or Thoughts: _____

_____

_____

Name: _____

Message or Thoughts: _____

_____

_____

Name: _____
Message or Thoughts: _____
_____
_____

Name: _____
Message or Thoughts: _____
_____
_____

Name: _____
Message or Thoughts: _____
_____
_____

Name: _____
Message or Thoughts: _____
_____
_____

Name: _____

Message or Thoughts: _____

_____

_____

Name: _____

Message or Thoughts: _____

_____

_____

Name: _____

Message or Thoughts: _____

_____

_____

Name: _____

Message or Thoughts: _____

_____

_____

Name: _____
Message or Thoughts: _____
_____
_____

Name: _____
Message or Thoughts: _____
_____
_____

Name: _____
Message or Thoughts: _____
_____
_____

Name: _____
Message or Thoughts: _____
_____
_____

Name: _____

Message or Thoughts: _____

_____

_____

Name: _____

Message or Thoughts: _____

_____

_____

Name: _____

Message or Thoughts: _____

_____

_____

Name: _____

Message or Thoughts: _____

_____

_____

Name: _____
Message or Thoughts: _____
_____
_____

Name: _____
Message or Thoughts: _____
_____
_____

Name: _____
Message or Thoughts: _____
_____
_____

Name: _____
Message or Thoughts: _____
_____
_____

Name: _____

Message or Thoughts: _____

_____

_____

Name: _____

Message or Thoughts: _____

_____

_____

Name: _____

Message or Thoughts: _____

_____

_____

Name: _____

Message or Thoughts: _____

_____

_____

Name: _____

Message or Thoughts: _____

_____

_____

Name: _____

Message or Thoughts: _____

_____

_____

Name: _____

Message or Thoughts: _____

_____

_____

Name: _____

Message or Thoughts: _____

_____

_____

Name: _____

Message or Thoughts: _____

_____

_____

Name: _____

Message or Thoughts: _____

_____

_____

Name: _____

Message or Thoughts: _____

_____

_____

Name: _____

Message or Thoughts: _____

_____

_____

Printed in Great Britain
by Amazon